Wie gaat er mee?

Ook in deze serie
Alle eendjes zwemmen in het water
O, kom er eens kijken

ISBN 978 90 00 31858 2
NUR 281
© 2013 Van Goor
Uitgeverij Unieboek | Het Spectrum bv
postbus 97
3990 DB Houten

www.van-goor.nl
www.unieboekspectrum.nl
www.vofdekunst.nl
www.janjutte.nl
www.ronvanroon.nl

Muziek VOF De Kunst
Illustraties Jan Jutte
Vormgeving Studio Ron van Roon

VOF De Kunst

Wie
er
mee?

Met illustraties van
Jan Jutte

VAN GOOR

Rijen,
rijen,
rijen
in een
wagentje

Rijen, rijen, rijen
in een wagentje.
En als je dan niet rijen wilt,
dan draag ik je.

Rijen, rijen, rijen
in een wagentje.
En als je dan niet rijen wilt,
dan draag ik je.

Op een klein
stationnetje

Op een klein stationnetje
's morgens in de vroegte
stonden zeven wagentjes
netjes op een rij.
En het machinistje
draaide aan het wieletje.
Hakke, hakke, puf, puf,
weg zijn wij!

Advocaatje ging op reis

Advocaatje ging op reis.
Tiereliereliere.
Advocaatje ging op reis.
Tierelierelom.

Met zijn hoedje op zijn arm.
Tiereliereliere.
Met zijn hoedje op zijn arm.
Tierelierelom.

Voor een herberg bleef hij staan.
Tiereliereliere.
Voor een herberg bleef hij staan.
Tierelierelom.

Stokvis kreeg hij bij 't ontbijt.
Tiereliereliere.
Stokvis kreeg hij bij 't ontbijt.
Tierelierelom.

In zijn keel stak hem een graat.
Tierelierelieре.
In zijn keel stak hem een graat.
Tierelierelom.

De dokter werd erbij gehaald.
Tierelierelieре.
De dokter werd erbij gehaald.
Tierelierelom.

Maar de dokter kwam te laat.
Tierelierelieре.
Maar de dokter kwam te laat.
Tierelierelom.

Zo stierf onze advocaat.
Tierelierelieре.
Zo stierf onze advocaat.
Tierelierelom.

In Holland staat een huis

In Holland staat een huis.
In Holland staat een huis.
In Holland staat een huis, ja, ja.
Van je singela, singela, hopsasa.
In Holland staat een huis.
In Holland staat een huis.

In dat huis daar woont een heer.
In dat huis daar woont een heer.
In dat huis daar woont een heer, ja, ja.
Van je singela, singela, hopsasa.
In dat huis daar woont een heer.
In dat huis daar woont een heer.

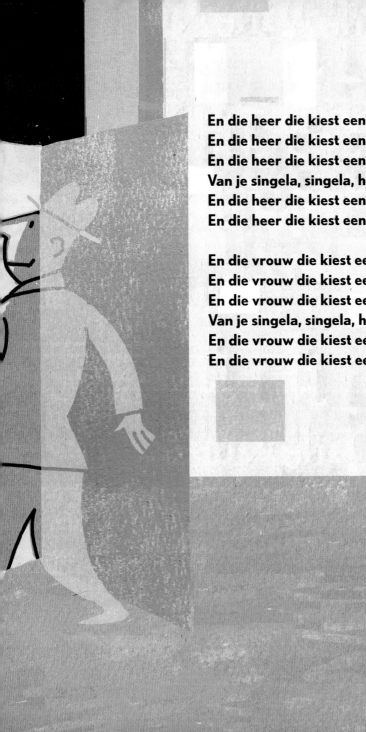

En die heer die kiest een vrouw.
En die heer die kiest een vrouw.
En die heer die kiest een vrouw, ja, ja.
Van je singela, singela, hopsasa.
En die heer die kiest een vrouw.
En die heer die kiest een vrouw.

En die vrouw die kiest een kind.
En die vrouw die kiest een kind.
En die vrouw die kiest een kind, ja, ja.
Van je singela, singela, hopsasa.
En die vrouw die kiest een kind.
En die vrouw die kiest een kind.

Ik ga op vakantie

Ik ga op vakantie en ik neem mee.
Ik ga op vakantie en ik neem mee.
Ik ga op vakantie en ik neem mee:

Mijn paarse opblaasboot.
Die is groot.
En een schep voor in het zand.
Op het strand.
En een indianentooi.
Die is mooi.
En een koffer vol met snoep.

Want ik wil geen Franse kazen,
want die ruiken zo naar poep.
Het is te veel om op te noemen.
Houd je vast hoor,
want ik ga... Ik ga...

Ik ga op vakantie en ik neem mee.
Ik ga op vakantie en ik neem mee.
Ik ga op vakantie en ik neem mee:

En mijn nieuwe schuiftrompet.
Die is vet!
En een knuffelbeer of acht.
Lekker zacht!
En mijn lievelings-cd.

Ik neem alles mee, ik neem alles mee,
ik neem alles mee, ik neem alles mee,
neem alles mee...

Lamijmagamen

Ze vragen: 'Kom je jeu-de-boulen?'
Ze vragen: 'Ga je mee in zee?'
Maar Pim Pam Petten, darts of sjoelen,
ik doe nergens aan mee.
Want jeu de boules
vind ik niet cool.

En Pim Pam Pet
vind ik niet vet.

Laat mij maar gamen.
Lamijmagamen.
Daarmee heb ik
op vakantie geen
problemen.

Lamijmagamen,
lamijmagamen.
Wat zegt die sjoelbak of
die veel te zoute zemen?
Lamijmagamen,
lamijmagamen.
Verder hoef ik echt geen
spullen mee te nemen.
Lamijmagamen.

Ze zeggen: 'Ga eens
wat bewegen.
De speeltuin is hier
supermooi.
En strakjes om een uur
of negen
is er een
apenkooitoernooi.'
Maar zoiets geks
vind ik niet flex.
En op de wip
vind ik niet hip.

Laat mij maar gamen.
Lamijmagamen.
Daarmee heb ik
op vakantie geen
problemen.

Lamijmagamen,
lamijmagamen.
Wat zegt die sjoelbak of
die veel te zoute zemen?
Lamijmagamen,
lamijmagamen.
Verder hoef ik echt geen
spullen mee te nemen.
Lamijmagamen.

En ik heb heel veel
vriendjes hier, dus stop
met dat gestres.
Drie met een Wii
en zes met een DS.

Gamen,
lamijmagamen.
Daarmee heb ik

op vakantie geen
problemen.

Lamijmagamen,
lamijmagamen.
Met al die levels en die
punten en systemen.
Lamijmagamen,
lamijmagamen.

Verder hoef ik echt geen
spullen mee te nemen.
Lamijmagamen,
gamen,
gamen.

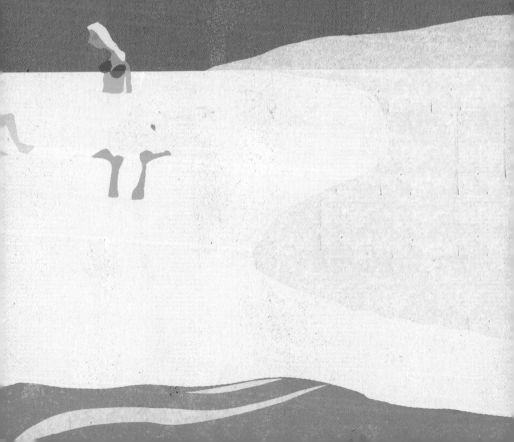

Berend Botje ging uit varen

Berend Botje ging uit varen
met zijn scheepje naar Zuid-Laren.
De weg was recht, de weg was krom,
nooit kwam Berend Botje weerom.
Eén, twee, drie, vier, vijf, zes, zeven,
waar is Berend Botje gebleven?
Hij is niet hier, hij is niet daar,
hij is naar Amerika.

Berend Botje ging uit varen
met zijn scheepje naar Zuid-Laren.
De weg was recht, de weg was krom,
nooit kwam Berend Botje weerom.
Eén, twee, drie, vier, vijf, zes, zeven,
waar is Berend Botje gebleven?
Hij is niet hier, hij is niet daar,
hij is naar Amerika.

Kamplied

Eén week is alles anders,
één week is alles vreemd.
Je bed te hoog of juist te laag,
de nachtgeluiden nogal vaag,
het slapen kort, het opstaan vroeg,
het eten vies en nooit genoeg.

Het is een nationale ramp.
We zijn op kamp.

We zijn op kamp, op kamp, op
kamp.
Veel geschreeuw en veel
gestamp,
spookverhalen bij het vuur,
spinnen op de houten muur.
Heimwee naar je moeder en
naar je eigen plee,
maar je beer, die neem je mee.

Die week is alles heel anders,
die week is alles raar.
Je tent is klam, je luchtbed lek,
je vriendje heeft een grote bek,
je sokken nat en ieder kind
stinkt een halfuur in de wind.
Het is de allerleukste ramp.
We zijn op kamp.

We zijn op kamp, op kamp, op
kamp.
Veel geschreeuw en veel
gestamp,
spookverhalen bij het vuur,
spinnen op de houten muur.
Heimwee naar je moeder en
naar je eigen plee,
maar je beer, die neem je mee.

We zijn op kamp, op kamp, op
kamp.
Veel geschreeuw en veel
gestamp,
spookverhalen bij het vuur,
spinnen op de houten muur.
Heimwee naar je moeder en
naar je eigen plee,
maar je beer, die neem je mee.
We zijn op kamp.

Pieterpad

Mijn vader houdt waanzinnig
veel van lopen.
Van wandelen van stad naar
stad naar stad.
We lopen zelfs – en dat is echt
bezopen – haast elke maand
een heel stuk Pieterpad.
Dat is het langste pad van heel
het land.
Dat lopen loopt behoorlijk uit
de hand.

Van Winsum tot aan
Groningen,
van Groningen naar Sleen.
Blaren op mijn voeten en
blaren op mijn teen.
Van Hardenberg naar Ommen,
en van Ommen tot aan Laren.

Blaren, blaren, blaren, blaren,
blaren, blaren,
blaren, blaren, blaren.

Een jaar of twee terug zijn we
begonnen.
Toch hebben we de helft nog
niet gehad.
Degene die die route heeft
verzonnen was volgens mij
volledig van het pad.
Maar ja, mijn vader loopt en
zingt en fluit.
Dat lopen loopt de spuigaten uit.
Van Doetinchem naar Millingen,
en dan naar Vierlingsbeek.
Blaren op mijn zolen, week na
week na week.
Van Venlo tot aan Sittard,
en van Sittard naar Maastricht.
Blaren, blaren, blaren
en het eind is niet in zicht.

Waar is dat nou voor nodig?
Dat lopen is een hel.
We hebben toch een auto?
Dat gaat honderd keer zo snel.
Honderd keer zo snel!

Van Winsum tot aan Groningen,
van Groningen naar Sleen.
Blaren op mijn voeten en
blaren op mijn teen.
Van Hardenberg naar Ommen,
en van Ommen tot aan Laren.

Blaren, blaren, blaren,
blaren, blaren, blaren, blaren.
Van Doetinchem naar
Millingen,
en dan naar Vierlingsbeek.
Blaren op mijn zolen, week na
week na week.
Van Venlo tot aan Sittard,
en van Sittard naar
Maastricht.
Blaren, blaren, blaren
en het eind is niet in zicht.

Pizza met pindakaas

Pizza di mama!
De Griekse zon,
de Franse zee,
de sneeuw in Zwitserland,
de Oostenrijkse bergen
en het Italiaanse strand.

Wanneer wij op vakantie gaan
en bruinend in de branding staan,
wordt Nederland vergeten.
Behalve bij, behalve bij,
behalve bij het eten.
Want...

Pizza met pindakaas, dat is ons menu.
Spaanse paella met een kuiltje jus.
Aardappels bij de couscous,
baklava met appelmoes,
pizza met pindakaas, dat is ons menu.

We rijden met de caravan
naar elke vreemde kust,
hoewel er dus bij ons geen
mens dat vreemde eten lust.
Dus wordt er peperkoek
en kaas en drop en spek
en speculaas de koffers in gesmeten.
De caravan, de caravan zit
barstensvol met eten.
Want...

Pizza met pindakaas, dat is ons menu.
Spaanse paella met een kuiltje jus.
Aardappels bij de couscous,
baklava met appelmoes,
pizza met pindakaas, dat is ons menu.

Marseille en Marokko
en Turkije en Tirol.
Het buitenland is heerlijk,
maar dan wel met boerenkool.

Pizza met pindakaas, dat is ons menu.
Spaanse paella met een kuiltje jus.
Aardappels bij de couscous,
baklava met appelmoes,
pizza met pindakaas, dat is ons menu.
Pizza met pindakaas,
pizza met pindakaas, dat is ons menu.

Op reis

Wie wil met me mee op reis?
Want dan was ik de chauffeur.
En de kamer was de weg
en die loopt tot aan de deur.
Als ik op de toeter druk...
En ik zet de motor aan...
Wie wil met me mee op reis?
We gaan ver hiervandaan.
En mijn auto doet...
En mijn auto doet...
En ik zet de motor aan...
We gaan ver hiervandaan.

Wie wil met me mee op reis?
Dan was ik de machinist.
En de keuken was de rails.
Hoor hoe de machine sist
als ik aan de hendel trek,
tjoeke, tjoek, zo gaat-ie fijn.
Wie wil met me mee op reis?
Lekker rijden met mijn trein.
En mijn treintje doet...
En mijn treintje doet...
Tjoeke, tjoek, zo gaat-ie fijn.
Lekker rijden met mijn trein.

Wie wil met me mee op reis?
Dan was ik de kapitein.
En het bad de grote zee
op de golven groot en klein.
En dan roep ik: alle hens!
En dan sta ik op de brug.
Wie wil met me mee op reis?
En we komen niet terug.
En mijn bootje doet...
En mijn bootje doet...
En dan sta ik op de brug.
En we komen niet terug.

Wie wil met mijn auto mee?
Wie wil met mijn treintje mee?
Wie wil met mijn bootje mee?
Wie wil met me mee op reis?

Tussen Keulen en Parijs

Tussen Keulen en Parijs
ligt de weg naar Rome.
Al wie met ons mee wil gaan,
die moet onze manieren verstaan.

Zo zijn onze manieren,
zo zijn onze manieren,
zo zijn onze manieren,
manieren,
zo zijn onze manieren.

Ooievaar

Vive la France!
Je ne sais pas parler français.
Bonjour!
Oh, la la!

Bonjour is goeiedag,
en goeieavond is bonsoir.
En als je weggaat, dan roep je
ooievaar.
Ooievaar, ooievaar.

Als je weggaat, dan
roep je ooievaar.
Ooievaar, ooievaar.

In Frankrijk wonen Fransen en
die Fransen spreken Frans.
Dat vind ik een geweldig mooie
taal.
Dus steeds als ik in Frankrijk
ben, dan grijp ik weer mijn
kans.
En het is ook niet zo moeilijk
allemaal.
Let maar op!

Vraag je fromage, dan krijg je
kaas.
En als de chef roept, dan komt
je baas.

Als je weggaat, dan roep je
ooievaar.

In Frankrijk wonen Fransen en
die Fransen spreken Frans.
Oui, oui monsieur, merci, en
oh, la, la.
Dus ga ik naar Bretagne toe,
Parijs of de Provence.
Dan praat ik ze gewoon een
beetje na.
Hou je vast, hè? Komt-ie:
Wat is vlinder?
Een papillon.
Hoe zeg je sorry?

Pardon, pardon.
Een pomme dat is een appel
en een stoep, dat is trottoir.
En als je weggaat, dan roep je
ooievaar.
Ooievaar, ooievaar.
Als je weggaat, dan roep je
ooievaar.

Zelfs een woord als jus
d'orange is niet zo moeilijk in
het Frans.
En in het Frans is jus d'orange
gewoon jus d'orange.

Ooievaar, ooievaar.
Als je weggaat, dan
roep je ooievaar.
Ooievaar,
ooievaar.
Als je
weggaat,
dan roep je
ooievaar.
En als je
weggaat,
dan roep je
ooievaar.
Als je weggaat, dan
roep je ooievaar.

Ooievaar, ooievaar.
Als je weggaat, dan
roep je ooievaar.

Wie gaat er mee?

Wie gaat er mee, wie gaat er mee
naar de berg van Sint André?
En daar wonen zo veel kindertjes
en die leven daar in gloria.
Victoria!

Wie gaat er mee, wie gaat er mee
naar de berg van Sint André?
En daar wonen zo veel kindertjes
en die leven daar in gloria.
Victoria! Victoria!

De wielen van de bus

De wielen van de bus die
draaien rond, draaien rond,
draaien rond.
De wielen van de bus die
draaien rond als de bus gaat
rijden.

De deuren van de bus gaan
open en dicht, open en dicht,
open en dicht.
De deuren van de bus gaan
open en dicht als de bus gaat
rijden.

De motor van de bus doet
broem, broem, broem,
broem, broem, broem,
broem, broem, broem.
De motor van de bus doet
broem, broem, broem
als de bus gaat rijden.

De kinderen in de bus gaan
heen en weer, heen en weer,
heen en weer.

De mensen in de bus die praten
zo als de bus gaat rijden.

De lampen van de bus gaan aan
en uit, aan en uit, aan en uit.
De lampen van de bus gaan aan
en uit als de bus gaat rijden.
Als de bus gaat rijden.

De kinderen in de bus
gaan heen en weer als
de bus gaat rijden.

De mensen in de bus
die praten zo, praten
zo, praten zo.

Inhoud

Alle liedjes © VOF De Kunst

VOF De Kunst
Nol Havens - zang, gitaar
Hans Klein - gitaar
Ocki Klootwijk - basgitaar
Robert de Kok - saxofoon, accordeon
Tijn Smit - piano, toetsen, achtergrondzang
Mark Stoop - drums, percussie

Techniek: Ocki Klootwijk en Pierre Geoffroy Chateau
Opgenomen in: Studio Chateau, Tilburg